Bezaubernd frische
Blumensträuße

Gilly Love

Bezaubernd frische
Blumensträuße

Die schönsten Arrangements

Mit Fotos von Michelle Garrett

Bechtermünz Verlag

Zuerst veröffentlicht 1998 in Großbritannien

durch Lorenz Books

Lorenz Books ist ein Imprintverlag

von Anness Publishing Limited

Deutsche Erstausgabe

Bearbeitung und Koordination der deutschen Ausgabe:

akapit verlagsservice, Berlin – Saarbrücken

Übersetzung: Ina Friedrich, Saarbrücken

Design: Simon Wilder

Fotografie: Michelle Garrett

Stylisten: Michelle Garrett und Gilly Love

Gesamtherstellung: South China Printing Company, Hong Kong

Printed in China

ISBN 3-8289-2336-4

INHALT

EINLEITUNG

EIN STRAUSS FRISCH gepflückter und persönlich ausgewählter Blumen erfreut Empfänger und Geber. Jede Blume ist einzigartig, und kein Arrangement oder Bouquet kann oder sollte je genau kopiert werden – das erst macht eine Blumengabe so individuell und besonders. Als Kind ging ich mit meiner Mutter, einer leidenschaftlichen Blumenarrangeurin, zu zahllosen Ausstellungen und Wettbewerben, half sogar bei kirchlichen Veranstaltungen aus, aber zu Hause tat ich nur wenig mehr, als Blumen zu kaufen und sie einfach in eine Vase zu stellen.

Dieses Buch hat mich kreativer gemacht, und ich hoffe, dass es Ihnen ebenso ergeht. Die einzelnen Kreationen sind eine Mischung aus einfachen Arrangements und eher förmlichen Designs für besondere Anlässe. Alle sind Schritt für Schritt illustriert und von einfachen Anweisungen begleitet. Es gibt Ideen für jeden Raum und und jede Gelegenheit, Blumen für Bad und Schlafzimmer, für eine moderne oder eher traditionelle Einrichtung, und Blumen als Geschenk und Tischschmuck. Einige Kreationen machen es erforderlich, selbst Behältnisse zu schaffen, oder zeigen, wie nur wenige Blumen nach sehr viel aussehen können.

Alle Kreationen sind einfach, und ihre Herstellung beansprucht nur wenige Minuten. Sie müssen nicht jahrelang Abendschulen besuchen, um die Techniken zu beherrschen, und auch kein Vermögen für teure Materialien ausgeben. Die Kosten für frische Blumen sind natürlich von der Jahreszeit abhängig. Versuchen Sie, flexibel zu sein, und wählen Sie die jeweils besten und am zahlreichsten vorhandenen Sorten. Wenn Sie also eine Blume aus einem der Arrangements nicht bekommen können, wählen Sie einfach eine andere, ähnliche aus. Gehen Sie vor allem jedoch liebevoll mit Ihren Blumen um und geben Sie ihnen die nötige Fürsorge, was diese Ihnen durch lange Frische und Schönheit danken werden.

Deborah Barker

DEXTER

WOHLRIECHENDER BLUMENTOPF

Rosa ist eine romantische und feminine Farbe, die eine entspannende und freudige Atmosphäre im Badezimmer schafft. Hellrosa 'Sternengucker'-Lilien haben einen betörenden Duft, der hier durch die Zugabe einiger Tropfen Geranien- oder Orangenöl zum Badesalz verstärkt wird.

SIE BENÖTIGEN
ein kleines Gefäß oder ein Glas
eine gläseren Blumenvase
ungefärbte Badesalze
eine Plastiktüte
rosa Lebensmittelfarbe
einen Trichter
rosa Badeperlen
kleine Muscheln
Geranien- oder Orangenöl
einen Krug
Pflanzennahrung
'Sternengucker'-Lilien
eine Schere oder ein scharfes Messer
süße Erbsen
Gloriosa (Flammenlilie)
Mohnblumen

1 Stellen Sie das kleine Gefäß in die Blumenvase hinein, so dass es rundherum etwa 2,5 cm Platz hat. Füllen Sie das Badesalz in eine stabile Plastiktüte und geben Sie einige Tropfen Lebensmittelfarbe hinzu.

2 Schütteln Sie die Tüte gründlich, bis das Salz eine gleichmäßige Färbung hat. Fügen Sie soviel Farbe hinzu, bis die gewünschte Färbung erreicht ist.

3 Schütten Sie das Badesalz durch den Trichter in den Zwischenraum von Gefäß und Vase bis knapp unter den Rand des inneren Gefäßes.

4 Fügen Sie rosa Badeperlen und kleine Muscheln hinzu, um einen Abschluss zu schaffen. Geben Sie dann einige Tropfen ätherisches Öl auf das Salz.

5 Befüllen Sie das innere Gefäß durch den Trichter sorgfältig mit Wasser und Pflanzennahrung, ohne dabei das Badesalz nass zu machen.

6 Entfernen Sie die unteren Blätter der Lilien und bringen Sie diese auf die zweifache Länge der Vase, in der die Lilien dann arrangiert werden.

7 Die Pollenbeutel können Kleider und Blütenblätter beschmutzen. Um dies zu vermeiden, können sie mit einer Schere abgeschnitten werden. ▶

8 Fügen Sie die Erbsen hinzu und drehen Sie dabei die Vase, um die Blumen gleichmäßig zu verteilen.

9 Ein stärkerer Kontrast wird durch zwei oder drei dazwischengesteckte Flammenlilien erzielt.

10 Zuletzt werden Mohnblumen hinzugefügt, deren sehr empfindliche Blüten leicht verletzbar sind. Drehen Sie das Arrangement, um eventuell noch vorhandene Lücken zu schließen.

Rechts: Die Farbe des Badesalzes kann verändert werden, um einen Kontrast zur Farbe der Blüten zu bilden. Das Rosa hier hebt das Rosa der Lilien hervor.

MEERESBLUMEN

Muscheln sind fast das ganze Jahr über erhältlich und damit eine stete Quelle schönen Materials, das als Füllung von Glasvasen oder attraktive Bodenbedeckung von Topfpflanzen benutzt werden kann. Hier werden sie als dekorativer Schmuck eines Terrakottatopfes verwendet.

SIE BENÖTIGEN
12 Muscheln
ein Messer
eine Bürste
einen viereckigen Terrakottatopf
Gummihandschuhe
blaue Wasserfarbe
einen Pinsel
eine Klebepistole
klaren Nagellack
ein kleines Marmeladenglas
Steckmasse (Oasis)
einen Krug
Pflanzennahrung
Eryngium (Edeldistel)
Skabiose (Witwenblume)
blaue Kornblumen
Nigella (Jungfernkraut)

1 Entfernen Sie die Muscheln aus ihren Schalen und bürsten Sie diese gründlich. Alles dann noch übrige Fleisch lässt sich getrocknet leicht entfernen. Überprüfen Sie jede Schale, da selbst der kleinste Fleischrest mit der Zeit schlecht riechen wird.

2 Malen sie den Terrakottatopf mit blauer Emulsionsfarbe an, um eine sanfte, verwaschene Farbe zu erhalten. Lassen Sie den Topf dann gründlich trocknen.

3 Nun kleben Sie die Muschelschalen mit der Klebepistole rings um den Topfrand fest.

4 Verleihen Sie jeder Muschel einen sanften Glanz, indem Sie etwas klaren Nagellack auf ihr verstreichen.

5 Stellen Sie das Marmeladenglas in den Topf, verkeilen Sie es mit einem Stück Plastik oder Resten von Steckmasse. Füllen Sie es mit Wasser und Pflanzennahrung. Schneiden sie die Blätter der Edeldistel ab und verwenden Sie die Distel zur Formgebung.

6 Fügen Sie einige Witwenblumen hinzu, deren untere Blätter Sie zuvor entfernt haben.

7 Als Kontrast kommen nun tiefblaue Kornblumen dazu, deren untere Blätter auch entfernt werden. ▶

8 Fügen Sie Jungfernkraut (die Blüten erinnern ein wenig an kleine Seeanemonen) hinzu. Die zarten farnähnlichen Blätter um jede Blüte lassen das Arrangement noch zierlicher und zerbrechlicher wirken.

9 Legen Sie nun die übrigen Muschelschalen oben in den Topf, um das Glas darunter zu verbergen.

Rechts: Für Badezimmer-Arrangements sind blaue Blumen und Meeresmuscheln besonders geeignet. Wenn Sie die welken Blumen ständig gegen frische austauschen, haben Sie eine dauerhafte Farbenpracht im Raum.

SOMMERLICHE GEMÜSEVASEN

Viele Gemüsesorten haben in einfachen, geraden Vasen ein dekoratives Aussehen: halbe Zucchini, Karrotten, Paprika, Okra- (oder Gumbo-) und Zuckererbsenschoten. Das Gemüse wirkt wie eine Art Vorgeschmack auf das Essen, das Sie servieren wollen.

SIE BENÖTIGEN
3 gerade Vasen unterschiedlicher Größe
zweiseitiges Klebeband
flache grüne Bohnen
ein scharfes Messer
dünne Spargelstangen
natürlichen Bast
einen Krug
Pflanzennahrung
Moluccella (grünblättrige Muschelblumen)
weißen Rittersporn
dünne Stäbe
eine Schere oder ein scharfes Messer
Minze (*Mentha longifolia*)
gefleckte Limonenzweige
wilde Erdbeeren am Zeig
Astrantia (Sterndolden)

1 Wählen Sie abhängig von der Größe Ihres Esstisches 3 oder mehr Vasen aus. Solange sie außen gerade sind, ist eine unterschiedliche Form der Vasen nicht wichtig, da ihr Äußeres sowieso bedeckt wird.

2 Jedes Glasgefäß sollte völlig staubfrei und trocken sein. Nehmen Sie nun die größte Vase und kleben Sie, wie auf dem Bild zu sehen, mit dem doppelseitigen Klebeband zwei Ringe auf das Gefäß.

3 Legen Sie die Vase auf die Seite und pressen Sie große, möglichst flache Bohnenschoten auf das zweiseitige Klebeband, so dass sie knapp über den Rand ragen. Tun Sie das auf allen vier Seiten und schneiden Sie die Bohnen mit einem scharfen Messer unten ab.

4 Wiederholen Sie diesen Vorgang mit den kleineren Vasen, die evtl. nur einen Ring brauchen. Kleben Sie nun den Spargel mit den Spitzen nach oben fest an die Vase. Schneiden Sie die Enden ab.

5 Binden Sie zur Dekoration und Stabilität des Gemüses den Bast um die Mitte der Vasen.

6 Füllen Sie nun die Vasen mit Wasser und Pflanzennahrung.

7 Schaffen Sie, beginnend bei der größeren Vase, mit der grünblättrigen Muschelblume (Moluccella) eine Grundstruktur.

8 Rittersporn ist kopflastig und kippt daher leicht über. Durch einen durch den hohlen Stiel eingeführten Stab wird die Blume unterstützt, ohne dass dies die Wasseraufnahme hindert. Vielmehr bleibt der Stiel dadurch gerade und stark.

9 Stecken Sie nun den Rittersporn in das Arrangement. Schneiden Sie – so nahe am Stiel wie möglich – alle Blüten ab, die sich zu weit unten befinden, und bewahren Sie diese auf.

10 Fügen Sie dem Arrangement einige Minzestiele hinzu, um ihm einen zarten Duft zu geben, der zum Essen passt, es jedoch nicht dominiert. Drehen Sie nun die Vase, um auf allen Seiten die Ausgewogenheit des Arrangements zu überprüfen.

11 Die gemusterten Limonenzweige sind das blättrige Gerüst der kleinen Vasen. Wie Minze helfen sie bei der Verdauung und sind sowohl entspannend als auch belebend.

12 Fügen Sie nun Erdbeerzweige ein, an denen sich Blüten und unreife Früchte befinden. Die nun hinzugesteckten kleinen rosa Sterndolden passen gut zu den Spargelspitzen.

13 Stecken Sie zuletzt die vorher abgeschnittenen Ritterspornblüten in das Arrangement und überzeugen Sie sich erneut von seiner Ausgewogenheit.

ESSBARE BLUMEN

Für aromatische Currygerichte oder mexikanische Salsas benötigt man helle, farbenfrohe Tische mit lebenssprühenden Blumen und geeigneten Vasen. Breite Trinkgläser haben dafür die perfekte Höhe. Die Blütenköpfe werden durch Flöße aus Zimtstangen (oder Zweigen) und Bast unterstützt.

SIE BENÖTIGEN
kleine gerade Äste
Zimtstangen
Gartenschere
natürlichen Raffiabast
eine Schere oder ein scharfes Messer
bunte Gläser
einen Krug
Pflanzennahrung
Zucchiniblüten
Calendula (Ringelblumen)
Rosen aus dem Garten
eine Auswahl essbarer Blumen wie Veilchen, Winterkresse, Geranien und Brunnenkresse

1 Schneiden Sie Zimtstangen und Zweige so ab, dass sie noch die richtige Länge haben, um bequem auf dem Glasrand zu ruhen.

2 Befestigen Sie zwei Zimtstangen mit der Bastschnur in einem Winkel von 60° miteinander. Fügen sie eine dritte Stange ein und verbinden Sie sie so mit den anderen beiden, dass sie ein kleines, dreieckiges Floß ergeben. Schneiden Sie nun den überstehenden Bast ab. Stellen Sie auf dieselbe Methode mit vier Zimtstangen oder Zweigen ein Quadrat her, so dass jeder Behälter ein kleines Floß erhält.

3 Füllen Sie die ausgewählten farbigen Gläser nun mit frischem Wasser und Pflanzennahrung.

4 Legen Sie die Flöße oben auf die Gläser und richten Sie (falls notwendig) den Bast so ein, dass die Flöße flach liegen.

5 Arrangieren Sie zunächst die Zucchiniblüten. Sie können die Blüten sowohl mit (zur größeren Stabilität) als auch ohne die Frucht verwenden.

6 Stecken Sie die Ringelblumen dazu. Die Blütenblätter können auch über Salaten verteilt werden und sind im Reis ein nützlicher farblicher und geschmacklicher Ersatz für Safran.

7 Fügen Sie Rosen von leuchtend heller Farbe ein. Zur Dekoration von Menüs sollte man nur organisch angebaute Blütenblätter verwenden, da Gärtnerrosen nach der Ernte eventuell noch einmal gespritzt werden, was sie zum Verzehr ungeeignet macht.

8 Füllen Sie noch offene Lücken mit beliebigen essbaren Blumen aus Garten und Vorratsschrank: Veilchen, Geranien, Winter- und Gartenkresse sind geeignet. Essbare Blumen werden inzwischen selbst in einigen größeren Supermärkten verkauft.

FEIERN MIT ROSEN UND KRÄUTERN

Bei besonderen Einladungen ist es eine charmante Geste, für jeden Gast einen individuellen Strauß zu haben, der als Souvenir mitgenommen wird. Dekorieren Sie Serviettenringe und Kerzen dezent mit Blumen und Kräutern und verstreuen Sie Blütenblätter von Rosen über den Tisch.

SIE BENÖTIGEN

Oasis (Steckmasse)
Pflanzennahrung
einen alten und verwitterten Terrakottatopf
ein Küchenmesser
eine Plastiktüte oder etwas Plastikfolie
eine Schere oder ein scharfes Messer
einen spitzen Gegenstand (z.B. einen Spieß)
eine Auswahl an Kräutern: mehrfarbiger Gartensalbei (*Salvia officinalis 'Tricolor'*), breitblättriger Thymian, Rosmarin
Gartenrosen
Jasmin (*Jasminum officinale*)
eine Hand voll Moos

1 Legen Sie die Steckmasse solange in Wasser mit Pflanzennahrung, bis sie vollgesogen ist und keine Blasen mehr aufsteigen. Die Steckmasse sollte nicht länger im Wasser bleiben, da sie sich sonst auflöst. Pressen Sie nun den Topf auf die Masse und schneiden Sie diese entlang des Eindrucks so ab, dass sie sich problemlos bis knapp unter den Rand in den Topf legen lässt.

2 Kleiden Sie den Topf mit der Plastiktüte oder der Folie aus, dass kein Wasser herausläuft und die Folie von den Blumen völlig verborgen wird.

3 Bohren Sie für die Blumen und Kräuter mit einem spitzen Gegenstand 10–15 Löcher in die Steckmasse.

4 Arrangieren Sie im Topf eine Kräutermischung als Grün für die Blumen. Schneiden Sie Blätter ab, die sonst in die Steckmasse gesteckt würden.

5 Wenn Sie ein ausgeglichenes Blätterarrangement haben, stecken Sie vier oder fünf Rosen in den Topf. Schneiden Sie die unteren Dornen und Blätter komplett bis an den Stiel ab, damit die Rosen gut in das Loch passen, ohne es auszuweiten.

6 Fügen Sie wegen ihres vollen Duftes noch einige Jasminzweige in das Arrangement ein.

7 Verbergen Sie jedes sichtbare Stück Folie oder Steckmasse durch etwas Moos. Dies erhält auch die Feuchtigkeit in der Steckmasse.

KRANZ MIT SCHWIMMENDEN KERZEN

Eine flache Schüssel mit schwimmenden Kerzen ist ein schöner Mittelpunkt eines Buffets. Sie ist umgeben von einem Kranz, der durch die leuchtenden Farben der Blumen und die kleinen Obst- und Gemüsestücke ins Auge sticht.

SIE BENÖTIGEN
- Steckmassenring mit Plastikrinne
- eine Kanne
- Pflanzennahrung
- lila Statice (Limonium sinuatum)
- eine Schere oder ein scharfes Messer
- einen scharfen Gegenstand (z.B. einen Spieß)
- Steckdraht
- Tindoris
- eine Drahtschere
- gelbe Paprikaschoten
- zweifarbige Nelken
- Gerbera
- Zinnien
- eine flache Schüssel
- Glasmurmeln
- schwimmende Kerzen

1 Da ein großer Steckmassenring i.d.R. nicht ganz ins Wasser eingetaucht werden kann, begießen Sie ihn mit dem Krug mit Wasser und Pflanzennahrung, bis er sich vollgesogen hat. Schneiden Sie anschließend die Staticeblumen so ab, dass ihr Stiel noch 5 cm lang ist. Bohren Sie nun mit dem Spieß für jeden Stiel ein Loch in den Ring. Bedecken Sie den Rand mit Statice und lassen sie oben noch ausreichend Platz für die anderen Blumen und die Obst- und Gemüsestücke.

2 Stecken Sie den Draht unten durch die Tindoris und schneiden Sie ihn so ab, dass auf jeder Seite etwa 5 cm übrigbleiben. Biegen Sie nun die Enden vorsichtig nach unten und drehen Sie daraus einen festen Stiel.

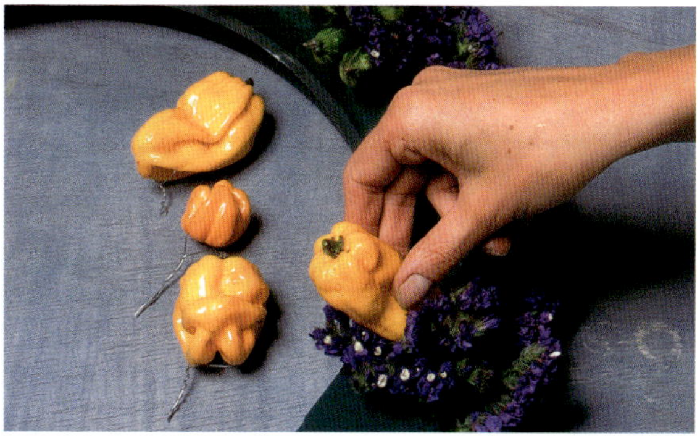

3 Stecken Sie nun Draht durch jede Paprikaschote und schneiden und drehen Sie ihn wie bei den Tindoris. Waschen Sie nach der Arbeit mit den Paprika aber Ihre Hände, da der Saft brennt, falls er in die Augen kommt.

4 Schneiden Sie den Stiel der Nelken auf 1 cm Länge und bohren Sie mit dem Spieß ein Loch für jede Blume, ehe Sie diese vorsichtig hineinstecken.

5 Arrangieren Sie die Gerbera auf dieselbe Weise. Behandeln Sie die Blumen dabei sehr vorsichtig, da sie nicht so stabil sind wie Nelken und leicht brechen.

6 Alle jetzt noch unbedeckten Stellen können mit kleinen Zinnien (die Stiele sollten so kurz wie bei Nelken und Gerbera sein) besteckt werden.

7 Füllen Sie die Glasschüssel mit den Glasmurmeln und den schwimmenden Kerzen. Arrangieren Sie den Kranz auf dem Tisch und füllen Sie ihn mit Wasser.

RAFFINIERTER DREISTÖCKIGER BAUM

Chrysanthemen sind vermutlich die langlebigsten Schnittblumen. An einem kühlen Ort ohne direkte Sonneneinstrahlung halten sie sich über Wochen. Zitronengrüne Chrysanthemen ergeben in Kombination mit anderen grünen Blumen eine skulpturähnliche Baumform.

SIE BENÖTIGEN

frische Samenkapsel des Schlafmohns (*Papaver somniferum*)
eine Schere oder ein scharfes Messer
natürlichen Bast
eine eckige Blumenvase
ein in die Vase passendes Glasgefäß
einen Krug
Pflanzennahrung
Samenköpfe von Zwiebeln
Chrysanthemen
flache, polierte schwarze Steine
Xerophyllum (Bärengras)

1 Entfernen Sie alle Blätter des Mohns, bis nur noch die glatten, geraden Stiele übrigbleiben.

2 Schneiden Sie die Mohnstiele auf eine einheitliche Länge (etwa die doppelte Höhe der Glasvase). Binden Sie die Stiele mit natürlichem Raffia fest zusammen. Im fertigen Blumenarrangement ist der unter den Blumen verborgene Bast nicht mehr zu sehen.

3 Stellen Sie ein kleineres Glasgefäß in die Vase, um Mohn- und Zwiebelsamen zusammenzuhalten. Füllen Sie Vase und Gefäß mit frischem Wasser und Pflanzennahrung. Stellen Sie den Bund Mohn in das Gefäß und fügen Sie die Zwiebeln hinzu, die etwa 5 cm kürzer als der Mohn geschnitten werden.

4 Entfernen Sie alle Blätter von den Chrysanthemen unterhalb der Wasserlinie und schneiden Sie die Stiele wiederum etwa 5 cm kürzer als die der Zwiebeln. Arrangieren Sie die Chrysanthemen im Zwischenraum von Vase und Glasgefäß.

5 Füllen Sie genügend flache, schwarze Steine in den Zwischenraum, um das Glasgefäß und die Stiele der Chrysanthemen zu verbergen.

6 Nehmen Sie 10 Stiele Bärengras und binden Sie diese etwa 5 cm vom Ende zusammen. Biegen Sie nun die Stiele sacht in der Hälfte, um einen Bogen zu erhalten, der an derselben Stelle zusammengebunden wird.

7 Machen Sie einen weiteren Bärengrasbogen. Schaffen Sie nun vorsichtig Platz zwischen den Chrysanthemenblättern und stecken Sie die Bögen oben in die Vase hinein.

DEXTER
NEW YORK-RO

BLUMEN TRANSPARENT VERPACKT

Machen Sie das meiste aus wenigen Blumen, indem Sie mehrere identische Sträuße anfertigen. Jeder Strauß wird dabei in durchsichtiges Zellophan gehüllt, das Teil der Dekoration ist, aber auch eine eine große Vase optisch ausfüllt.

SIE BENÖTIGEN
eine Vase, die etwa halb so hoch ist wie die längsten Blumen
einen Krug
Pflanzennahrung
Zantedeschia (Zimmerkallas)
Lysimachia (Japanischer Felberich)
Rosen
Eustoma (Prärieenzian)
Spathiphyllum (Blattfahne)
eine Schere oder ein scharfes Messer
natürlichen Raffiabast
eine Rolle durchsichtiges Zellophan
durchsichtiges, wasserfestes Klebeband

1 Füllen Sie die die völlig saubere Vase mit Wasser und Pflanzennahrung. Teilen Sie die Blumen – abhängig von der Ihnen zur Verfügung stehenden Anzahl jeder Sorte – in vier oder fünf identische Gruppen ein.

2 Entfernen Sie von den Blumen alle Blätter unterhalb der Wasserlinie.

3 Schneiden Sie für das Arrangieren der Bequemlichkeit halber die Dornen der Rosen ab.

4 Nehmen Sie von jeder Blumensorte ein Exemplar. Arrangieren Sie es gleichmäßig in jedem Strauß.

5 Binden Sie jeden Blumenstrauß mit Bast fest zusammen, ohne dabei die Stiele zu verletzen.

6 Wiederholen Sie diesen Vorgang mit den anderen Blumen, so dass Sie schließlich vier oder fünf Sträuße haben.

7 Schneiden Sie ein Zellophanquadrat und falten Sie es auf Ecke. Machen Sie in der Mitte des Knicks ein Loch zum Durchstecken der Blumenstiele. ▶

8 Stecken Sie einen Strauß durch das Loch und falten Sie die Ecken des Zellophans um die Stiele, so dass die Seiten des Quadrats eine lose Krause bilden.

9 Halten Sie das Zellophan mit wasserfesten Klebestreifen in Position. Packen Sie die anderen Sträuße auf dieselbe Art in Zellophan ein.

10 Stellen Sie alle Sträuße in die Vase. Falten Sie dabei das Zellophan so, dass es einen durchgehenden Kragen um die Vase formt. Dieses Arrangement sieht besonders dramatisch aus, wenn es von unten beleuchtet wird und das durchsichtige Zellophan Licht und Schatten der Blumen einfängt.

Oben: Sie können Blumen jeder Farbe in durchsichtiges Zellophan einpacken, aber besonders weiße und cremige Farben sehen in einer durchsichtigen (Milch-)Glasvase gut aus.

WOHLRIECHENDER *POT-ET-FLEUR*

Mit einigen Blumen der Saison und Hausfarnen können Sie ein wunderbares Arrangement schaffen, das man pot-et-fleur *(wörtlich „Topf und Blume") nennt. Farne lieben feuchte Böden, aber tägliches Besprühen mit Regenwasser ist ein guter Ersatz dafür.*

SIE BENÖTIGEN

- einen Korb
- ein Stück Plastik
- Zeitungs- oder Packpapier
- 3–4 Töpfe Farn (*Nephrolepis exaltata*)
- 3–4 Marmeladengläser
- einen Krug
- Pflanzennahrung
- Pfingstrosen
- eine Schere oder ein scharfes Messer
- Alpendisteln (*Eryngium alpinum*)
- blühenden Dill (*Anethum graveloens*)
- 'Blue Bee' Rittersporn (*Delphinium*)

1 Legen Sie den Boden des Korbes mit Plastik aus und füllen Sie ihn mit Zeitungs- oder Packpapier, um einen ebenen Grund für Pflanzen und Töpfe zu schaffen. Stellen Sie einen Topf Farn nun so in den Korb, dass die Wedel über die Seiten fallen, der Rand des Topfes aber vom Rand des Korbs verborgen wird.

2 Fügen Sie noch zwei oder drei Farne hinzu, so dass der Korb gut gefüllt ist, aber in den Zwischenräumen immer noch genug Platz für die Gläser ist, in denen die Blumen stehen sollen.

3 Füllen Sie die Marmeladengläser zu zwei Dritteln mit Wasser und Pflanzennahrung und klemmen Sie diese, eventuell mit Hilfe des Papiers, fest und aufrecht zwischen die Pflanzentöpfe.

4 Entfernen Sie den Großteil der Blätter der Pfingstrosen und stellen Sie ein oder zwei in jedes Glas. Als Ersatz außerhalb der Pfingstrosensaison können Sie auch Rosen mit großen Köpfen nehmen.

5 Stellen Sie nach Entfernen der unteren Blätter in jedes Glas noch zwei oder drei Alpendisteln. Die Disteln halten sich sehr lang und können im Arrangement auch getrocknet werden.

6 Entfernen Sie sorgfältig das untere Blattwerk des Dills, da seine farnähnlichen Blätter schnell welken und das Wasser verschmutzen.

7 Fügen Sie schließlich einige hellblaue Stiele Rittersporn hinzu (als Kontrast sind auch andere Blumen wie Glockenblume oder lila Lupinen möglich).

8 Ziehen Sie alle Farnwedel aus dem Korb heraus, so dass der größte Teil der Blumenstiele verborgen ist. Auf diese Weise wird die Illusion erzeugt, die Blumen wüchsen tatsächlich im Korb aus dem Farn heraus.

Rechts: Wenn die frischen Blumen welken, nehmen Sie diese einfach samt Glas heraus, werfen sie weg und ersetzen sie durch frische. Ein ähnliches, etwas kleineres Arrangement ohne den Farn können Sie auch für den Tisch gestalten.

ROSENPYRAMIDE

Dekorative "Bäume" aus kleinen Rosen und Johanniskrautbeeren machen sich gut am offenen Kamin. Die leuchtend orangen und roten Farbtöne passen perfekt zum Herbst. Für den Winter eignen sich weiße und cremefarbene, für den Frühling gelbe und für den Sommer hellrosa Farbtöne.

SIE BENÖTIGEN
2 x Steckmasse (Oasis)
ein Küchenmesser
einen Eimer
Pflanzennahrung
2 blumentopfähnliche Behälter aus Keramik oder Metall
leuchtend orange und rote Rosen
eine Schere oder ein scharfes Messer
hell- und dunkelrote Johanniskrautbeeren

1 Schneiden Sie die Steckmasse vor dem Eintauchen ins Wasser mit dem scharfen Küchenmesser, damit Sie zwei Obelisken erhalten, deren Form genau in den jeweiligen Behälter passt.

2 Tauchen Sie nun die Obelisken solange in einen mit Wasser und Pflanzennahrung gefüllten Eimer, bis keine Blasen mehr aufsteigen. Die Steckmasse sollte nicht zu lange im Wasser gehalten werden, da sie sich sonst auflöst und nicht mehr zu gebrauchen ist.

3 Pressen Sie die Obelisken in ihre Behälter, damit sie fest sitzen. Schneiden Sie nötigenfalls noch mehr ab, damit die Obelisken möglichst gleich aussehen.

4 Entfernen Sie mit einer Floristenschere oder einem scharfen Messer sorgfältig alle Blätter von den Rosenstielen.

5 Die Dornen sollten entfernt werden, damit die Rosen sauber in die Steckmasse gleiten. Schneiden Sie die Stiele (abhängig von der Größe des Behälters) auf eine Länge von etwa 10 cm, so dass die Rosen fest in der Oasis stecken und gerade eben den Rand des Behälters überragen.

6 Schneiden Sie die Beerenstiele auf eine ähnliche Länge wie die Rosen. Entfernen Sie alle Blätter und teilen Sie einige der größeren Ästchen auf.

7 Stecken Sie die Rosen, beginnend am unteren Ende der Obelisken, horinzontal fest ein. Halten Sie die Rosenblüten dabei sorgsam fest, damit sie nicht abbrechen. Die Ausgewogenheit des Arrangements lässt sich leicht durch einen Blick von oben überprüfen.

8 Drehen Sie die Obelisken um die eigene Achse, wenn Sie sich nach oben arbeiten, damit beide Farben gleichmäßig verteilt sind. Lassen Sie dabei kleine Lücken für die Beeren. Je weiter Sie nach oben kommen, desto kürzer sollten die Stiele geschnitten werden. Stecken Sie letzten Rosen senkrecht in die Spitze.

9 Die hellroten Beeren stecken Sie vorsichtig in die Lücken des ersten Baums. Wechseln Sie dabei zwischen Gruppen mit ein, zwei oder mehreren Beeren ab.

10 Fügen sie die dunkleren Beeren auf dieselbe Art in den anderen Baum ein.

KRÄUTER-TROCKENFRÜCHTE-KRANZ

Lavendel und Rosmarin sind zwei der populärsten ätherischen Öle bei der Aromatherapie. Beide Aromen lassen sich gut mit Zitrusölen kombinieren. Wenn der Duft der frischen Kräuter dieses Kranzes nachlässt, kann er mit einigen Tropfen der ätherischen Öle erneuert werden.

SIE BENÖTIGEN

Rosmarin
eine Gartenschere
blaugefärbten Raffiabast
ein gewobener Kranz aus Zweigen
getrocknete Orangenscheiben
mitteldicken Draht
Lavendel
getrocknete Mohnsaatköpfe
eine Klebepistole

1 Schneiden Sie die Rosemarinzweige mit einer Gartenschere auf eine Länge von etwa 15 cm. Binden Sie ein Ende des Basts an den Kranz und befestigen Sie den Rosmarin oben und auf den Seiten des Kranzes.

2 Reihen Sie zwei oder drei Scheiben der Orange auf einen Draht, damit Sie diese noch am Kranz befestigen können. Erstellen Sie so fünf Gruppen.

3 Binden Sie mit dem Bast je 8–10 Lavendelstiele zu einer Gruppe. Sie erhalten so kleine Sträuße, die etwa 5 cm lang sein sollten.

4 Legen Sie sich die Orangenscheiben auf dem Kranz zurecht und binden Sie diese mit dem Draht unten fest. Gleichzeitig wird damit auch das Rosmarin noch besser am Kranz befestigt.

5 Befestigen Sie die Lavendelsträuße mit Bast fest zwischen den Orangenscheiben. Achten Sie darauf, dass die Lavendelblüten der Linie des Rosmarins folgen.

6 Schneiden Sie die Stiele des Mohns ab. Verletzen Sie dabei nicht die Samenkapseln, auf deren Rückseite Sie nun großzügig Heißkleber auftragen. Pressen Sie diese sofort an solchen Stellen auf den Kranz, an denen es eine Lücke gibt oder es noch sichtbaren Draht zu verbergen gilt. Drehen Sie den Kranz und entscheiden Sie, wie herum Sie ihn aufhängen wollen. Befestigen Sie nun ein Stück Bast am Kranz, womit er an einem Haken aufgehängt wird. Überzeugen Sie sich jedoch zuvor, ob der Haken ausreichend befestigt ist, da der Kranz relativ schwer ist.

ROMANTISCHER SCHLAFZIMMERSTRAUSS

Bei gebundenen Blumenarrangements halten Sie mit einer Hand die Blumen fest, während Sie mit der anderen weitere Stiele abgewinkelt hinzufügen, damit der Strauß gleichmäßig wird. Wenn die Blumen eine Länge haben, kommt der Strauß samt zusammenhaltendem Band sofort in eine Vase.

SIE BENÖTIGEN
duftende Rosen
Nelken
Astrantia (Sterndolden)
Wiesenköpfe (Bibernellenrosen)
süßen Myhrrenkerbel
eine Schere oder ein scharfes Messer
einen Spiegel (nach Wunsch)
natürlichen Raffiabast
eine kleine Vase mit großer Öffnung

1 Sortieren Sie die Blumen nach Art und werfen Sie solche mit gebrochenem Stiel gleich weg.

2 Entfernen Sie alle Blätter und Blüten unterhalb der Stelle, an der der Strauß gebunden wird. Abhängig von der gewünschten Höhe des Bouquets liegt dieser Punkt im unterem Drittel oder der unteren Hälfte des Stiels.

3 Entfernen Sie sorgsam alle Dornen der Rosen mit einer Schere oder einem scharfen Messer. Achten Sie darauf, dass Sie dabei nicht die Stiele verletzten.

4 Halten Sie, um die Spirale zu beginnen, zwei oder drei gerade Stiele zusammen. Um ein ausgewogenes Bouquet zu erreichen, fügen Sie weitere Stiele in einem Winkel von etwa 45° hinzu.

5 Drehen Sie das Bouquet beim Hinzufügen weiterer Blumen. Eventuell ist es einfacher für Sie, vor dem Spiegel zu arbeiten, da Sie so das Bouquet von allen Seiten betrachten können.

6 Schauen Sie sich das Bouquet von oben an: Wenn es noch Löcher gibt, können Sie diese füllen, indem Sie den Strauß lockerer halten und mit der anderen Hand einen weiteren Stiel hinzufügen.

7 Halten Sie das Bouquet von Zeit zu Zeit horizontal, um sicherzugehen, dass es keine Löcher aufweist.

8 Bewahren Sie die Myhrre bis zum Schluss auf, damit ihre Wedel einen sanften Kragen um die anderen Blumen bilden. Binden Sie dort, wo Sie die Blumen gehalten haben, ein Stück Bast fest um die Stiele, jedoch so, dass es die Stiele nicht zerdrückt.

9 Schneiden Sie alle Stiele mit einer Schere oder einem scharfen Messer auf dieselbe Länge. Stellen Sie das zusammengebundene Bouquet in die Vase. Kürzen Sie nötigenfalls die Stiele noch einmal.

FRUCHTVASEN AL FRESCO

Ausgehöhlte Melonenschalen werden häufig zum Servieren von Fruchtsalaten verwendet, machen sich aber auch gut als attraktive Behältnisse frischer Blumen. Alternativ können Sie halbe Grapefruits, Orangen und Zitronen oder Gemüse wie Kürbis, Eierkürbis und ausgehöhlten Wirsing nehmen.

SIE BENÖTIGEN

eine kleine Wassermelone
ein Küchenmesser
einen Löffel
eine Galiamelone
Chrysanthemen
gelben und orangen Carthamus (Saflor oder Färberdistel)
blühenden Dill
pink- und malvenfarbene süße Erbsen
blühenden Schnittlauch
Geranien mit efeuähnlichen Blättern
eine Schere oder ein scharfes Messer
einen Krug
Pflanzennahrung

1 Halbieren Sie die Wassermelone und teilen Sie das Fleisch wie Kuchenstücke. Trennen Sie mit dem Messer ringsherum das Fleisch von der Schale. Lösen Sie es vorsichtig mit einem Löffel heraus und heben Sie es zum späteren Gebrauch auf.

2 Sehr reife Galiamelonen haben ein viel weicheres Fleisch, das mit einem Löffel einfach abgelöst werden kann. Wenn die Melone nicht eben steht, schneiden Sie unten etwas Schale ab.

3 Sortieren Sie die Blumen nach Arten und schneiden Sie von den Chrysanthemenzweigen Stiele mit einzelnen Blüten ab.

4 Füllen Sie die leeren Melonenhälften mit Wasser und Pflanzennahrung.

5 Stecken Sie die festen Stiele der Färberdistel in den Rand in das übrige Melonenfleisch, so dass sie sicher stehen. Fügen Sie in jede Melonenhälfte ein oder zwei Dillblumen ein, damit eine Art Gerüst für die anderen Blumen entsteht.

6 Nun kommen die Chrysaanthemen hinzu, wobei die Melonen zur Überprüfung der Ausgewogenheit jedes Arrangements nach allen Seiten gedreht werden.

7 Die jetzt sorgfältig einzufügenden zarteren Stiele der Erbsen und des Schnittlauchs sollten an den übrigen Blumen inzwischen genügend Halt finden.

8 Um das Farbspiel zu vollenden, fügen Sie jetzt einige Geranienstiele hinzu. Nehmen Sie eine schöne efeuartige Sorte, die häufig helle, zweifarbige Blütenblätter haben, oder einen Zweig mit Blättern und Blüten der Duftpelargonie.

Oben: Mit Blumen gefüllte Fruchtschalen sind eine perfekte Dekoration für ein leichtes Sommermahl. Das ausgehöhlte Fruchtfleisch kann zudem in das Menü einbezogen werden.

TRADITIONELLES BOUQUET

Trotz der Popularität vasenfertiger Sträuße sind flache Bouquets bei vielen Floristen immer noch sehr gebräuchlich. Häufig sind die Blütenstiele dabei von unterschiedlicher Länge und schwer gemeinsam zu arrangieren. Teilen Sie daher die Blumen auf zwei oder drei Vasen auf.

SIE BENÖTIGEN
ein flaches Bouquet mit normalen Nelken, Chrysanthemen, Solidago (Goldrute), asiatischen Hybridlilien und Rosen
eine Schere oder ein scharfes Messer
einen Eimer
Pflanzennahrung
Blattwerk aus dem Garten wie Geißblatt oder Spierstrauch
eine Gartenschere
3 Glasvasen unterschiedlicher Höhe

1 Es ist sehr wahrscheinlich, dass das Bouquet einige Stunden vor dem Kauf arrangiert wurde und die Blumen nun Wasser benötigen. Packen Sie also das Bouquet aus und schneiden Sie die Enden der Stiele ab (es sei denn, sie sind in feuchte Tücher gewickelt). Entfernen Sie die unteren Blätter und stellen Sie die Blumen in einen Eimer mit frischem, kaltem Wasser und Pflanzennahrung.

2 Nach etwa einer Stunde sollten sich die Blumen mit hängenden Köpfen wieder erholt haben. Legen Sie die Blumen auf einer Zellophanfolie aus und sortieren Sie sie nach Arten.

3 Wählen Sie Blattwerk aus dem Garten aus, um mehr aus den Blumen zu machen. Schneiden Sie die Äste mit einer Gartenschere sauber ab. Hämmern Sie niemals holzige Zweige, da dies ihre Wasseraufnahmefähigkeit beeinträchtigt.

4 Vergewissern Sie sich vor dem Füllen der Vasen mit Wasser und Pflanzennahrung, dass sie absolut sauber sind.

5 Arrangieren Sie die Lilien und die Goldruten zusammen, da sie Stiele ähnlicher Länge haben. Entfernen Sie die Blätter unter der Wasserlinie und fügen Sie das Blattwerk aus Ihrem Garten hinzu.

6 Schneiden Sie Nelken unterschiedlicher Länge gleich lang. Schneiden Sie auch alle Verästelungen der Chrysanthemen ab und arrangieren sie in ihrer Hand zu einem engen Blumenstrauß. Ohne alle Blätter halten sich Nelken und Chrysanthemen in einem kühlen Raum etwa 3 Wochen.

7 Sogar Gärtnerrosen können wie Gartenblüten aussehen, wenn sie mit einigen Gartenpflanzen wie Geißblatt kombiniert werden. Um ihre Lebensdauer zu verlängern, entfernen Sie alle Blätter unterhalb der Wasserlinie.

EXOTISCHE BLUMEN

Exoten wie Protea (Silberbaum) haben harte, holzige Stiele und schwere Blütenköpfe. Ihre gewagtes Design wirkt überwältigend. Sie brauchen daher andere hervortretende Formen zum Ausgleich. Brandschopf, Kurkuma and Fuchsschwanz machen ein tropisch-paradiesisches Arrangement daraus.

SIE BENÖTIGEN

- Staticestiele *(Limonium sinuatum)*
- eine Schere oder Gartenschere
- *Celosia argentea varcristata* (Brandschopf)
- eine stabile Glasvase, die nach Möglichkeit die Farben der Pflanzen widerspiegelt
- einen Krug
- Pflanzennahrung
- Kurkuma
- *Protea cynaroides* (Silberbaum)
- exotische Blätter
- *Amaranthus caudatus Viridis* (Gartenfuchsschwanz)

1 Exotische Blätter sind ein passendes Blattwerk, aber die Blätter der Statice haben ein kaktusähnliches Aussehen, das gut mit den tropischen Blumen harmoniert. Schneiden Sie nun alle Blätter unterhalb der Wasserlinie ab.

2 Entfernen Sie alle Blätter des Brandschopfes, da sie häufig die unteren Blüten verbergen. Versichern Sie sich, dass an den Stielen keine Blätter oder Blattansätze zurückbleiben, vermeiden Sie aber, die Stiele zu verletzen, da dies die Lebensdauer der Blumen verkürzt.

3 Füllen Sie die Vase mit frischem Wasser und Pflanzennahrung und stellen Sie genügend Staticestiele hinein, um die schweren Blütenköpfe zu unterstützen.

4 Plazieren Sie die auf unterschiedliche Längen geschnittenen Brandschopfblüten zwischen die Blätter, um unterschiedliche Höhen in der Vase zu erreichen. ▶

5 Fügen Sie unterschiedlich lange Kurkumastiele hinzu, damit alle Blüten gut sichtbar bleiben.

6 Nun gibt es genug Gerüst in der Vase, dass die schwere Silberbaumblüte hinzugefügt werden kann. Lassen Sie den Blütenblättern auch ausreichend Raum zur Entfaltung.

7 Fügen Sie einige exotische Blätter in das Arrangement ein, um den Blüten ausreichend Blattwerk beizufügen.

8 Stecken Sie die Fuchsschwanzstiele nun vorsichtig am Rand in die Vase hinein, damit ihre quastenähnlichen Blüten über den Rand herabhängen können.

GOLDENER WALNUSSTOPF

Goldfarbe verwandelt einfache Terrakotta-Töpfe in goldene Vasen für spezielle Anlässe wie Weihnachten. Die rauhe Oberfläche alter, verwitterter Töpfe führt zu einem gebrochenen Farbeffekt, der durch zwischen Chrysanthemen und peruanischer Lilie nistende, vergoldete Walnüsse verstärkt wird.

SIE BENÖTIGEN

(Plastik-)Handschuhe
einen Pinsel
Goldfarbe
einen kleinen Terrakotta-Topf
Plastikfolie oder eine kleine Plastiktüte
eine Schere oder ein scharfes Messer
Klebeband
Walnüsse
Draht
kleine und mittlere Efeublätter
eine Steckmassenkugel
Pflanzennahrung
Chrysanthemen
einen spitzen Gegenstand oder Spieß
Alstroemeria (Peruanische Lilien)
Rosen

1 Ziehen Sie die Handschuhe an und bemalen Sie die Seiten des Topfes mit Goldfarbe.

2 Reiben Sie die Farbe mit Ihren Finger ein. Sie benötigen nur eine relativ geringe Menge Farbe, um einen sanften Goldglanz zu erzielen.

3 Kleiden Sie die Seiten des Topfes mit der Plastikfolie oder -tüte aus. Schneiden Sie die Kanten zurecht und befestigen Sie sie mit Klebeband.

4 Bemalen Sie die Walnüsse mit der Goldfarbe. Sparsam gebraucht, trocknet die Farbe in wenigen Minuten. Nehmen Sie nun ein Stück Draht und stoßen Sie ein Ende von unten in die Nuss hinein. In frischen Nüssen wird der Draht vom Nusskern festgehalten.

5 Nehmen Sie einige Efeublätter, von denen Sie die Stiele entfernen, und reihen Sie diese unten auf die Drähte mit den Nüssen auf.

6 Wählen Sie vier oder fünf größere Efeublätter aus, die Sie auf den Rand des Topfes legen. Jedes Blatt sollte dabei zur Hälfte überstehen.

7 Tauchen Sie die Steckmasse in Wasser und Pflanzennahrung, und halten Sie die Kugel solange unter Wasser, bis keine Blasen mehr aufsteigen. Pressen Sie die Steckmasse in den Topf, so dass sie fest sitzt. Die Efeublätter formen nun einen grünen Kragen.

8 Verteilen Sie die Drähte mit den Walnüssen gleichmäßig in der Steckmasse, so dass zwischen ihnen ausreichend Raum für die Blumen bleibt.

9 Schneiden Sie überzählige Blütentriebe und alle Blätter und Blattansätze der Chrysanthemen ab. Je glatter die Stiele, umso einfacher lassen sie sich in die Oasis stecken. Bohren Sie die Löcher mit dem Spieß vor, und stecken Sie dann die Blumen hinein.

10 Gehen Sie bei den peruanischen Lilien auf die selbe Weise vor wie bei den Chrysanthemen. Peruanische Lilien haben sehr zarte Stiele und sollten daher nur in vorgebohrte Löcher gesteckt werden.

11 Fügen Sie schließlich die Rosen ein, von denen Sie zuvor alle Blätter und Dornen entfernt haben.

AROMATISCHER WEIHNACHTSKRANZ

Große, üppige Blüten wie diese tiefrote Preference-Rose lassen in Verbindung mit ätherischen Ölen von Rose, Zeder, Weihrauch und Myrrhe Ihr Heim zu Weihnachten herrlich duften. Da reines Rosenöl sehr teuer ist, kann man alternativ auch aromatisiertes Rosenöl verwenden.

SIE BENÖTIGEN
Omoricazapfen (oder sehr kleine Pinienzapfen)
eine kleine Plastiktüte
Mischungsvorschlag für die Öle: 40 Tropfen aromatisiertes Rosenöl, 20 Tropfen Zedernöl, 20 Tropfen Weihrauch, 20 Tropfen Myrrhe
Steckmassenring mit Plastikrinne
Pflanzennahrung
3 weinrote Kerzen
Draht
künstliche rote Beeren
frische Stechpalmenzweige
eine Gartenschere
einen spitzen Gegenstand oder Spieß
rote Rosen mit großen Köpfen

1 Legen Sie die Omoricazapfen in die Plastiktüte und geben Sie die gemischten Öle hinzu. Schütteln Sie die Tüte dann mehrere Minuten lang gut durch. Wenn möglich, sollte dieser Schritt zum Absorbieren der Öle 3–4 Tage vor dem Arrangieren des Kranzes erfolgen.

2 Tauchen Sie die Steckmasse in frisches Wasser mit Pflanzennahrung, bis die größtmögliche Menge an Wasser aufgenommen wurde. Stecken Sie die Kerzen in regelmäßigen Abständen in die Steckmasse. Drücken Sie diese bis auf den Plastikring hinunter.

3 Winden Sie ein Stück Draht um das Ende jedes duftenden Zapfens. Ziehen Sie den Draht so fest, dass er kaum noch sichtbar ist.

4 Stechpalmenbeeren halten sich nicht lange und sind außerdem selten. Künstlicher Ersatz, kombiniert mit echten Blättern, sieht sehr überzeugend aus und hält sich die ganze Weihnachtszeit. Verdrahten Sie die Beeren in kleinen Gruppen so, dass sie noch in die Steckmasse gesteckt werden können.

5 Verwenden Sie, da Stechpalmenblätter sehr scharf sind, eventuell Gartenhandschuhe. Schneiden Sie kleine Zweige mit den hellsten Blättern ab und pressen Sie diese vorsichtig in ein vorgebohrtes Loch in der Masse. Bedecken Sie damit alle Oberflächen (innen, außen und oben) des Rings.

6 Fügen Sie die verdrahteten Beeren eher in der Mitte eines Zweiges ein, damit sie echter aussehen. Einige wenige sind ausreichend. Wenn Sie mehr nehmen, sieht man sofort, dass sie künstlich sind.

7 Schneiden Sie die Stiele der Rosen auf eine Länge von etwa 7,5 cm, damit die Blüten oberhalb der Stechpalmenblätter sitzen und genügend Raum zur Entfaltung der Blüten haben. Bohren Sie vor dem Einfügen für jede Rose ein Loch. Zur Lebensverlängerung in warmen Räumen können Sie die Rosen nachts aus dem Arrangement nehmen und an einem kalten Ort in frisches Wasser stellen.

8 Fügen Sie nun die Zapfen ein, die ein volles, würziges Aroma verströmen, das den Raum ganz erfüllt.

BLUMENEIER

Normalerweise werden Eier mit Ostern in Verbindung gebracht, aber diese mit Blumen gefüllten Eier sind zu jeder Jahreszeit dekorativ und eine nettes Arbeit für Kinder. Weiße oder hellbraune Eier – auch Enten- oder Gänseeier sind möglich – nehmen (Lebensmittel-)Farbe am besten auf.

SIE BENÖTIGEN
weiße oder hellbraune Hühnereier
einen scharfen Spieß oder ein spitzes Messer
eine Schale
ein Wasserglas zum Färben der Eier
Lebensmittelfarbe oder künstlichen Farbstoff
Gummihandschuhe
Eierbecher oder Schnapsgläser
einen Krug
Pflanzennahrung
Schnittlauchblätter und -blüten
Frauenmantel (*Alchemilla mollis*)
kleine Glockenblumen
Zinnien
eine Schere oder ein scharfes Messer

1 Bohren Sie mit dem Spieß oder der Messerspitze oben ein kleines Loch in jedes Ei. Entfernen Sie sorgfältig soviel von der Schale, dass der Inhalt leicht zum späteren Gebrauch in eine Schüssel auslaufen kann. Waschen Sie jede Schale sorgfältig aus.

2 Gießen Sie Wasser in mehrere Gläser, die groß genug sind, um jeweils ein Ei aufzunehmen. Nehmen Sie für jedes Glas eine geringe Menge jeweils unterschiedlicher Farbe und schütteln Sie den Inhalt gut. Ziehen Sie Gummihandschuhe über und tauchen Sie die Eierschalen nun vorsichtig im gefärbten Wasser unter. Die Schalen nehmen innerhalb weniger Minuten die Farbe an. Beachten Sie, daß die Farbintensität der Eier mit einer stärkeren Farblösung zunimmt.

3 Nehmen Sie die Eierschalen aus der Farbe und lassen Sie sie trocknen. Stellen Sie die Eier in Eierbecher oder kleine Gläser, die Sie mit Wasser und Pflanzennahrung füllen. Wählen Sie einige Blumen der Saison mit kleinen, farblich zu den Eiern passenden Blüten.

4 Kürzen Sie die Blumen etwa auf die doppelte Höhe der Eier und arrangieren Sie die Blüten sorgfältig in den Schalen. Entfernen Sie Teile der Schale, wenn das Loch oben zu klein sein sollte.

5 Es macht nichts aus, falls die Kanten des Loches eckig und ungleichmäßig sind, da dies durch die Blumen verborgen wird.

FRÜHLINGSKORB

Ein hölzerner Trog eignet sich vorzüglich für breite, flache Arrangements, besonders dann, wenn er auf einen niedrigen Tisch gestellt und von oben betrachtet wird. Ein Frühlingsblumenkorb macht sich gut als Muttertagsgeschenk und – mit kleinen, goldenen Schokoladeneiern – als Osternest.

SIE BENÖTIGEN
einen Holztrog
starke Plastikfolie
6 Klammern oder Reiszwecken
einen Hammer
eine Schere oder ein scharfes Messer
zweiseitiges Klebeband
2 Glasgefäße
2 Blöcke Steckmasse (Oasis)
einen Krug
Pflanzennahrung
Apricot Beauty-Tulpen
Butterblumen (oder Ranunkeln)
Maiglöckchen
zwei Hand voll Moos
Geißblatt
mitteldicken Draht
einen Drahtzange
Kumquats
eine Hand voll Glasmurmeln

1 Kleiden Sie den Trog mit der Plastikfolie aus, die Sie an den Ecken mit Klammern oder Reiszwecken befestigen. Die überhängende Folie schneiden Sie mit einer Schere ab.

2 Kleben Sie das zweiseitige Klebeband um den Innenrand des Troges, wobei Sie der Form des Gefäßes folgen. So entsteht ein klebriger Randstreifen, auf dem man das die Folie verdeckende Moos befestigt.

3 Stellen Sie die beiden Glasgefäße in den Trog und keilen Sie sie mit der zuvor in Wasser und Pflanzennahrung eingetauchten Steckmasse ein. Die Steckmasse ist der für das Moos notwendige Untergrund, um es frisch und grün zu halten. Füllen Sie die beiden Gefäße nun noch mit Wasser und Pflanzennahrung.

4 Schneiden Sie die Tulpenstiele auf eine Länge von etwa 15 cm. Entfernen Sie alle Blätter und verteilen Sie die Tulpen gleichmäßig auf die Gläser.

5 Wiederholen Sie dasselbe mit den Ranunkeln, um in jedem Glas einen runden Strauß zu erhalten, und überprüfen Sie die Ausgewogenheit des Arrangements.

6 Lassen Sie den Maiglöckchen ihre Blätter und schneiden Sie sie etwas länger als die Tulpen und Ranunkeln, so dass sie die anderen Blumen überragen.

7 Bedecken Sie die Steckmasse und das zweiseitige Klebeband sorgfältig mit Moos und schaffen Sie so ein flaches Nest zwischen den Gläsern mit Blumen.

8 Fügen Sie nun das Geißblatt ein, das über das Moos hinabfallen darf, und lassen Sie ausreichend Platz für die Kumquats.

9 Schneiden mit der Zange Drahtstücke von etwa 5 cm Länge und stechen Sie jeweils unten ein Stück Draht quer durch die Kumquats.

10 Biegen Sie die Enden des Drahts nach unten und stecken Sie diese in die Steckmasse hinein. Gruppieren Sie die Kumquats in zwei Ecken.

11 Füllen Sie das Nest mit einigen Glasmurmeln. Dieses Arrangement hält sich einige Tage lang frisch, sollte jedoch gelegentlich mit Wasser besprüht werden. Verwelkende Blumen können leicht durch frische ersetzt werden, wodurch das Arrangement einige Wochen ansehnlich bleibt.

FRÜHLINGSBLUMEN

Blumen in engen Glasbehälter wirken wie ein Designerarrangement, das gut zu modernen Inneneinrichtungen passt. Blumen stehen zwar immer im Mittelpunkt, dennoch sind gerade, grüne Stiele in durchsichtigen Gefäßen – besonders die der Frühlingsblumen mit Knollen – ein attraktiver Anblick.

SIE BENÖTIGEN
3 Glasbehälter, von denen einer etwas größer ist als die anderen beiden
einen Krug
Pflanzennahrung
Monte Carlo-Tulpen
eine Schere oder ein scharfes Messer
durchsichtiges, wasserfestes Klebeband
Chincherinchee
(*Ornithogalum thyrsoides*)
Goldlauch (*Allium moly*)

1 Versichern Sie sich, daß die Behälter innen und außen absolut sauber sind und füllen Sie Wasser und Pflanzennahrung ein. Sortieren Sie die Blumen.

2 Schneiden und säubern Sie die Stiele sorgfältig, damit kein Schmutz oder lose Blätter auf den Boden der Vase sinken und das Wasser verfärben können.

3 Schneiden Sie eine Tulpe so zu, dass die Blüte gerade über die größte Vase hinausragt. Nehmen Sie diese Blume als Muster für die anderen.

4 Arrangieren Sie die Tulpen so in der Vase, dass jeder Stiel völlig aufrecht steht.

5 Kleben Sie jeweils ein Stück Klebeband über die Mitte der beiden kleineren Gefäße, um zwei Reihen zu erhalten, da die Blüten des Goldlauchs und der Chincherinchee kleiner sind.

6 Schneiden Sie die Stiele der Chincherinchee in derselben Weise wie die Tulpen und füllen Sie ein Gefäß mit zwei aufrechten Reihen dieser Blumen.

7 Wiederholen Sie dasselbe mit dem Goldlauch, um das andere Gefäß zu füllen.

TULPEN UND WOLFSMILCH

Breite Vasenöffnungen bieten die meisten Möglichkeiten und größte Flexibilität beim Arrangieren von Blumen, die eine Stütze benötigen. Da Hühnerdraht in einer Blumenvase furchtbar aussähe, nimmt man stattdessen Weidenzweige und schafft so einen natürlichen, attraktiven Rahmen.

SIE BENÖTIGEN
eine Vase mit breitem Rand
einen Krug
Pflanzennahrung
eine Gartenschere
Weidenkätzchen
Wolfsmilch *(Euphorbia)*
Gummihandschuhe
Streichhölzer
Moncella-Tulpen

1 Füllen Sie die Vase mit Wasser und Pflanzennahrung. Schneiden Sie die Weidenzweige mit einer Gartenschere zurecht, damit sie gerade über den Rand ragen.

2 Arrangieren Sie die Weiden so, dass die Zweige einander überkreuzen und für andere Blumen genügend Unterstützung bieten.

3 Der Wolfsmilchsaft kann Hautirritationen hervorrufen. Fassen Sie die Stiele daher beim Zurechtschneiden und Entfernen der unteren Blätter mit Handschuhen an.

4 Sengen Sie jeden Wolfsmilchstiel mit einem brennenden Streichholz an, damit der Saft nicht ausläuft und so die Lebensdauer anderer Blumen beeinträchtigt.

5 Stellen Sie die Wolfsmilchstiele in die Vase und drehen Sie das Arrangement dabei, um sicherzustellen, dass es gleichmäßig ist.

6 Fügen Sie zuletzt die Tulpen hinzu, die nun durch Weidenkätzchen und Wolfsmilch gestützt werden, so dass es recht einfach ist, die Blumen an der geeigneten Stelle im Arrangement zu plazieren.

DUFTENDE STRÄUSSE

Ein Strauß ist das vollendete Geschenk für viele Gelegenheiten: geschmackvoll ausgewählte Blumen können „Dankeschön", „Herzlichen Glückwunsch" oder „Ich liebe Dich" sagen. Gekaufte Blumen können wie Gartenblumen zu etwas Persönlichem werden, wenn man sie schön verpackt.

SIE BENÖTIGEN

a) pinkfarbene Gartenblumen, spanischen Salbei (*Salvia lavandulifolia*), Platterbsen (*Lathyrus sylvestris*), roten Klee

b) Lavendel, pinkfarbene Rosen, orangen Saflor *(Carthamus)*, Thymian, Walderdbeerblätter

c) pinkfarbene Rosen, pinkfarbenen Klee, Hortensien, Edeldisteln (Eryngium)

d) Minze (*Mentha longifolia*), blaue Kornblumen, Frauenmantel (*Alchemilla mollis*), Samenkapseln des Seifenkrauts (*Saponaria officinalis*)

eine Schere oder ein scharfes Messer

natürlichen Raffiabast

Bänder

farbiges Seidenpapier

klares Zellophan

durchsichtiges Klebeband

Nadeln

1 Zur Herstellung eines Straußes ordnen Sie zuerst alle Blumen nach ihren Arten. Schneiden Sie alle Blätter ab, die unterhalb der Wasserlinie wären, wenn der Strauß in die Vase kommt.

2 Arrangieren Sie die Blumen in der einen Hand, während Sie mit der anderen weitere Blumen hinzufügen, bis der Strauß rund und gleichmäßig ist. Als Zusammenhalt winden Sie ein Stück Bast mehrere Male um die Stiele. Legen Sie den Strauß auf die Seite, binden Sie den Bast fest zu, ohne dabei die Stiele zu quetschen, und schneiden Sie die Stiele auf die gleiche Länge.

3 Wenn Sie passende große Blätter haben, können Sie einen Strauß mit einer schützenden Krause machen. Legen Sie dazu die Blumen wie zuvor aus.

4 Ihrer Zusammenstellung fügen Sie einen Kragen aus flachen Blättern (z.B. Erdbeerblättern) hinzu. Nach dem Binden kürzen Sie die Stiele auf eine Länge.

5 Wenn Sie einen Strauß machen, der transportiert werden muss, können Sie die Stiele mit einem Band zu einem Griff binden. Der fertige Strauß wird dazu zunächst mit Bast gebunden.

6 Nehmen Sie ein Band von etwa der doppelten Länge der Blumen. Lassen Sie an einem Ende genügend Platz für eine Schleife und winden Sie das andere Ende überlappend nach unten. Verdecken Sie mit dem Band auch das Ende der Stiele und wickeln Sie sich dann wieder nach oben.

7 Oben angekommen machen Sie zunächst einen Knoten, damit sich das Band nicht aufwickelt, und dann eine Schleife. Schneiden Sie nun die Enden schräg ab, damit sie nicht ausfransen.

8 Ein Strauß, der nach einer Reise immer noch frisch aussehen soll, muss eingepackt werden, um die Blumen zu schützen und die Verdunstung einzuschränken. Für lange Reisen ist es angebracht, ein nasses Tuch um die Stielenden des fertigen Straußes zu binden.

9 Stellen Sie einen Strauß zusammen und binden Sie ihn mit Bast. Schneiden Sie zwei Quadrate Seidenpapier von der doppelten Größe des Straußes. Nun schneiden Sie ein Quadrat aus klarem Zellophan zurecht, dessen Seiten etwa 10 cm länger sind als die des Papiers.

10 Legen Sie die zwei Papiere verkehrt herum hin, so dass sie in einem Winkel von 45° übereinander liegen. Darauf kommt das Zellophan als wasserdichte Schicht zwischen Blumen und Papier und als Verdunstungsschutz. Legen Sie nun den Strauß mit der Seite auf eine Ecke und umwickeln Sie ihn diagonal mit den verschiedenen Verpackungsschichten.

11 Befestigen Sie das Papier unten an den Stielen mit einem Stück Bast, Band oder Klebeband. Über den Blumen sollte ausreichend Zellophan als Austrocknungsschutz festgesteckt werden.

Oben: Diese Geschenksträuße sind hübsch arrangierte Bouquets, die nur ausgepackt und in eine Vase gestellt werden.

TECHNIKEN

Das Arrangieren frischer Blumen auf natürliche und zeitgemäße Art erfordert verschiedene Techniken. Alle Arrangements in diesem Buch wurden innerhalb weniger Minuten hergestellt. Ihre elegante Einfachheit wird durch sorgfältige Auswahl der Blumen und Gefäße erreicht.

Blumensteckmasse (Oasis)

1 Gießen Sie Pflanzennahrung ins Wasser. Tauchen Sie die Masse nur solange ins Wasser, bis keine Luftblasen mehr aufsteigen (je nach Größe 1–2 Minuten), da sich die Steckmasse bei längerem Ein-weichen auflöst.

2 Schneiden Sie kleine Stücke Steckmasse im trockenen Zustand. Einmal getrocknete Masse verliert ihre Wirksamkeit, wenn sie erneut nass wird. Generell ist es jedoch einfacher, die Masse nass in die richtige Form zu schneiden.

3 Viele Blumenstiele knicken leicht ab. Daher sollte mit einem spitzen Gegenstand ein Loch in die Masse gebohrt werden. Sogar dickere Stiele profitieren davon, Wasseraufnahme und Lebensdauer werden so nicht geschmälert.

Verdrahtung: Nüsse

Kleine Früchte oder Nüsse benötigen einen stabilen Pflanzendraht (Ø 0,9 mm sind ausreichend). Um z.B. eine Walnuss zu verdrahten, muss der Draht zwischen den beiden Hälften ganz in die Nuss hineingeschoben werden.

Verdrahtung: Kumquats

Zur Verdrahtung von Kumquats stoßen Sie einen 10 cm langen Draht durch die Frucht. Stecken Sie einen zweiten Draht im rechten Winkel zum ersten hinein, biegen ihn zum ersten Draht und drehen beide zusammen.

Verdrahtung: Zapfen

Omorikazapfen werden häufig für Potpourris verwendet und sind feiner als Pinienzapfen. Nehmen Sie nun einen ca. 10 cm langen, 0,7 mm dicken Draht und drehen ihn um das untere Ende des Zapfens, bis er einen festen Halt hat.

Entfernen von Blättern

Bevor Sie Blumen arrangieren, sollten Sie den Stiel immer unten mit einem scharfen Messer oder einer Schere diagonal einschneiden. Entfernen Sie alle Blätter unterhalb des Wasserrandes der Vase. Bei Rosen ist es nur in seltenen Fällen erforderlich, die Dornen zu entfernen.

Wiederbelebung von Blumen

1 Generell ist es möglich, durch Abschneiden eines langen Teils des Stiels (mindestens 10 cm, mehr ist besser) Pflanzen neu zu beleben. Häufig ist dieser Teil des Stiels so ausgetrocknet, so dass er kein Wasser mehr aufnehmen kann, oder die Zellen werden durch Bakterien blockiert, was den gleichen Effekt hat.

2 Wenn einmal der Stiel abgeschnitten und der größte Teil der Blätter entfernt wurde, ist zur Belebung der meisten Pflanzen nur noch ein Bad in einem Behälter mit kaltem Wasser nötig. Wenn möglich, sollte der Behälter so weit befüllt werden, dass die Pflanzen bis knapp unter die Blüte im Wasser stehen.

Pflanzennahrung

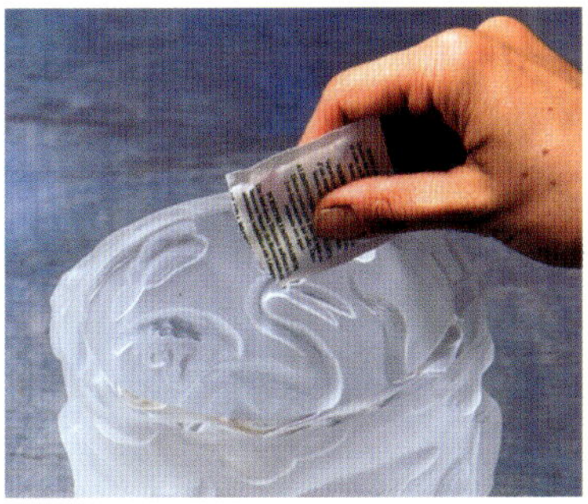

Fügen Sie dem Wasser in der Vase immer Pflanzennahrung zu. Das bringt die Pflanzen zum Blühen und hindert Bakterienwachstum, so dass die Pflanzen nicht früh welken und absterben. Nach Zugabe von Pflanzennahrung sollte das Wasser lediglich ergänzt werden.

Verschmoren der Stiele

Wolfsmilchstiele sondern einen weißen Saft ab, der bei manchen Menschen Hautirritationen hervorruft und andere Blumen im Arrangement schwächen kann. Dies kann durch vorsichtiges Verschmoren des Schnittendes verhindert werden.

Stützen von Stielen

Einige Blumen wie Rittersporn und Amaryllis haben einen zu schweren Kopf und kippen leicht über, was durch vorsichtiges Einschieben eines dünnen Stabes in den hohlen Stiel der Blumen ohne Beeinträchtigung der Wasseraufnahme verhindert wird.

MATERIAL UND AUSRÜSTUNG

Für viele Arrangements wird nur wenig mehr als eine scharfe Schere benötigt. Für besondere Anlässe und ausgefallenere Kreationen kann es sein, dass Sie mehr Werkzeug brauchen.

RAFFIABAST
Natürlicher Raffiabast ist ideal zum Binden von Blumen, da er fest ist, ohne dabei einzuschneiden. Gefärbt ist er perfekt geeignet für üppig herabhängende Arrangements.

MOOS
Moos ist nützlich zur Abdeckung, um die eigentlichen Blumenvasen zu verbergen und den Eindruck zu erwecken, die Blumen wüchsen z.B. im Korb.

ZELLOPHAN
Verwenden Sie klares Zellophan zur Umhüllung von Buketts, als Wasserschutz in porösen Behältern und zerknüllt als unsichtbare Stütze von Blumenstielen in der Vase.

GOLD- UND SILBERFARBE
Diese dekorative Farbe gibt Nüssen, Zapfen, Früchten und Terrakottagefäßen Glanz und ist in den Farben Gold, Silber und Bronze erhältlich.

KIESELSTEINE UND MUSCHELN
Kieselsteine und Muscheln sind eine dekorative Bodenbedeckung und attraktive Blumenstütze in Glasvasen.

GLASMURMELN
Polierte Glasmurmeln sind in großer Auswahl in vielen Gartencentern und Geschenkeläden erhältlich. Die durchsichtigen sind am vielseitigsten einsetzbar, etwa als Kristalle auf dem Boden einer Glasvase.

SCHWIMMENDE KERZEN
Kerzenlicht schmeichelt frischen Blumen ebenso wie unseren Gesichtern. Ein Gefäß mit schwimmenden Kerzen, umgeben von wunderbar duftenden Blumen, macht einen eher biederen Tisch zum optischen Mittelpunkt eines Raumes. Brennende Kerzen sollten jedoch stets vor Verlassen des Raumes gelöscht werden.

KLEBEPISTOLE
Dieses elektrische Werkzeug ist der Traum jedes Hobbyfloristen zum direkten Ankleben frischer und getrockneter Blumen an Gefäßen, Kränzen, Haarschmuck und Girlanden. Da der flüssige Kleber sehr heiß und potentiell gefährlich ist, sollte er grundsätzlich außerhalb der Reichweite von Kindern gehalten werden.

KLEBEBAND
Wasserfestes Klebeband ist nützlich zur Befestigung von Plastik oder Zellophan in Vasen und Behältern. Starkes, zweiseitiges Klebeband sorgt für eine veränderbare Oberfläche, auf der dekorative Materialien wie Moos oder Gemüse befestigt werden können.

NÜSSE UND ZAPFEN
Walnüsse, Haselnüsse, Eicheln und alle Arten von Zapfen können vor allem in herbstlichen und weihnachtlichen Arrangements mit Blumen kombiniert werden. Man kann sie auch versilbern oder vergolden.

STÄBE UND GARTENDRAHT
Dünne Stäbe sind als Stütze hohler und kopflastiger Blumen ideal. Aus Gartendraht macht man falsche Stiele und befestigt Zapfen und Nüsse.

FLORISTENSCHERE

Das unentbehrlichste Werkzeug für einen Blumenarrangeur ist eine starke, scharfe Schere, von denen es zahllose Modelle sowohl für Rechts- als auch für Linkshänder gibt. Durch saubere, diagonale Schnitte an Blumenstielen wird der Schaden am zarten Zellgewebe der Blumen minimal gehalten, wodurch diese in der Lage sind, ausreichend Wasser aufzunehmen.

PFLANZENNAHRUNG

Durch dieses recht harmlose Desinfektions- und Zuckerpräparat wird das Wachstum von Fäulnisbakterien im Wasser gehemmt und das Reifen und Aufgehen der Blüten beschleunigt.

GARTENSCHERE

Ein Gartenschere ist vor allem zum Schneiden von Draht und dicken Zweigen viel praktischer als eine normale Papierschere.

Oben: Raffiabast (1); Moos (2); Zellophan (3); Goldfarbe (4); Kieselsteine und Muscheln (5); Glasmurmeln (6); schwimmende Kerzen (7); Klebepistole (8); Klebeband (9); Nüsse und Zapfen (10); Stäbe und Gartendraht (11); Floristenschere (12); Pflanzennahrung (13); Gartenschere (14).

BEHÄLTER

Vasen sind in der Floristik sehr wichtig, aber die Blumen spielen natürlich die Hauptrolle. Dennoch sollte die Art des Behälters zu den arrangierten Blumen passen.

STECKMASSE (OASIS)
Neben der bekannten Ziegelsteinform gibt es sie auch als Kugel oder Ring (mit Plastiktropfrinne) in allen Größen. Bedeckt mit Blumen und Bändern können die Kugeln als Sträuße für Brautjungfern dienen. Mit Blumen gefüllt sehen die Ringe im Zentrum eines Tisches besonders gut aus, wenn sie einen Teller mit Schwimmkerzen umgeben.

KÖRBE
Flache, mit Plastik ausgekleidete und mit moosverdeckter Steckmasse gefüllte Körbe bieten eine Stütze für die Blumen. Tiefere Körbe können mehrere mit frischen Blumen gefüllte Behälter verbergen, und leichte Bastkörbe kann man zudem mit Wasserfarbe bemalen.

GLASBEHÄLTER
Ob einzeln oder als Gruppe mit unterschiedlicher Höhe eingesetzt, diese Vasen sind sehr vielseitig und effektiv. Sie können eine wahre Fülle von Blumen oder auch nur einzelne durch Muscheln oder Kieselsteine gestützte Blüten enthalten.

GLÄSER UND KRÜGE
Einfache, gerade Trinkgläser sind billig und gut geeignet für kleine Sträuße und Tischdekorationen. Größere Glasgefäße kombiniert mit einem Innengefäß schaffen einen Spalt, der mit Muscheln, Kieselsteinen oder duftendem Potpourri gefüllt werden kann. Schnapsgläser und Eierbecher sind ideale Vasen für individuelle Tisch-Arrangements.

TERRAKOTTATÖPFE
Naturfarbene Terrakottatöpfe passen gut zu Landhaus-Arrangements. Mit etwas Wasserfarbe können sie innerhalb weniger Minuten so bemalt werden, daß sie zu jedem Stil passen. Da Terrakotta porös ist, muß der Topf bei Verwendung von Steckmasse Innenbehälter haben oder mit Plastik ausgekleidet werden.

METALLBEHÄLTER
Einige Metalle reagieren mit Wasser und können so das frühzeitige Welken von Blumen verursachen. Sie sollten daher nicht verwendet werden, es sei denn, sie sind veredelt und vor Oxidation geschützt. Ein hoher Metalleimer ist ideal, um lange Stiele oder große Blätterzweige zu schützen. Um die Stiele an Ort und Stelle zu halten, kann noch ein kleinerer Innenbehälter eingesetzt werden.

Rechts: Steckmasse (1); Körbe (2); Glasbehälter (3); Gläser und Krüge (4); Terrakottatöpfe (5); Metallbehälter (6).

6
5
3
1
4

BLUMENPFLEGE

Ob Sie nun einen Strauß im Garten pflücken oder Blumen in einem Blumenladen oder Supermarkt kaufen, es ist wichtig, daß Sie den Zustand von Blumen erkennen können. Wenn Sie die Blumen erst einmal gekauft haben, gibt es eine Reihe von Dingen, die Sie tun können, um möglichst lange möglichst viel von ihren Blumen zu haben.

Die meisten Blumen sollten blühend gepflückt oder gekauft werden. Bei ährenförmigen Blumen wie Eremurus (Steppenkerze) oder Delphinium (Rittersporn) sollte darauf geachtet werden, daß die unteren Blütenblätter bereits geöffnet sind. Andere, wie Narzissen und Osterglocken, können grün und geschlossen in eine Vase gestellt werden, in der sie sich bald öffnen. Im Gegensatz dazu werden Gerbera und Chrysanthemen nur voll erblüht verkauft, blühen jedoch 2 Wochen lang. Kontrollieren Sie stets, dass kein Blütenblatt braune Ränder hat – ein Zeichen dafür, dass die Blume ihre beste Zeit schon hinter sich hat. Versichern Sie sich auch, dass die Blätter grün und gesund sind und keine Spur von Verwelkung aufweisen.

Lassen Sie Schnittblumen nicht ohne Wasser, da die Stielenden sehr schnell austrocknen. Bei der Beförderung sollten Sie daher Stiele mit feuchten Tüchern oder Papier umwickeln und den Strauß z.B. in Zellophan verpacken, um eine zu große Verdunstung (und damit das Verwelken) zu verhindern. Gartenblumen sollten in der Kühle des Morgens oder Abends gepflückt und sofort in Wasser gestellt werden.

Blumenstiele sollten vor der Verwendung in Arrangements mit einem langen, diagonalen Schnitt gekürzt werden. Dadurch entsteht eine größere Oberfläche für die Wasseraufnahme, und die Blumen welken nicht so rasch. Holzige Stiele müssen, wenn nötig auch mit einer

Links: Bauen Sie mehrjährige Kräuter wie Thymian und Salbei, immergrüne Kletter- und Hängepflanzen an, um eine stete Quelle an grünen Blättern zum natürlichen Arrangieren und Unterstützen von Gartenblumen und gekauften Blumen zu haben.

Rechts (im Uhrzeigersinn): Blaues Delphinium (Rittersporn), Eryngium (Edeldistel), Nigella (Jungfernkraut) und Kornblumen sind Gartenblumen, die sehr erfolgreich getrocknet werden können.

scharfen Gartenschere, auf dieselbe Art gekürzt werden. Zerstören Sie niemals, z.B. mit einem Hammer, die zarte Zellstruktur des Stiels, da sich Bakterien so leichter entwickeln und die Pflanzen an der Wasseraufnahme hindern können. Vor ihrer Verwendung sollten alle Blumen noch einmal – wenn möglich über Nacht – in reichlich kaltes Wasser gestellt werden.

Vor dem Arrangieren sollten Sie alle Blätter entfernen, die ins Wasser getaucht würden, da diese sonst sehr schnell verrotten. Auf diese Weise produzierte Bakterien blockieren nicht nur die Blumenstiele, sondern machen das Wasser auch grün, es riecht nach Fäulnis und ist ein unschöner Anblick.

Stellen Sie sicher, daß alle Gefäße und Vasen vor Gebrauch wirklich sauber sind. Verwenden Sie frisches, lauwarmes Wasser, da hierin der meiste Sauerstoff enthalten ist. Wenn Luftblasen in die Stiele kommen, können sie durch Blockade des Wasserflusses zum Welken oder (wie im Fall von Rosen) zum Kopfhängen führen.

Fügen Sie dem Wasser immer Pflanzennahrung zu, denn es enthält die richtige Menge an Zucker, damit die Blüten sich öffnen, und ein mildes Desinfektionsmittel zur Verhinderung von Bakterienwachstum, damit die Blumen nicht frühzeitig welken. Haushaltsmittel wie Aspirin, Bleichmittel und Limonade wirken nur manchmal, da nicht immer die richtige Mischung von Zucker und Desinfektionsmittel erreicht wird. Jahrelange wissenschaftliche Forschungen haben kommerzielle Pflanzennahrungsprodukte, wie sie beim Kauf von Blumen häufig mitgegeben werden, zuverlässig und erfolgreich gemacht.

Links: Kommerziell angebaute Rosen sind unterschiedlich im Preis, abhängig von der Größe des Blütenkopfes und der Länge des Stiels. Am besten ist es, Rosen schon einige Tage vor dem jeweiligen Anlass zu kaufen, um ihnen die Möglichkeit zu geben, sich zu entfalten.

*Gegenüber: Bei zusammengestellten Farbarrangements sind Blumen unterschiedlicher Form notwendig, um großen Eindruck zu machen, wie z.B. eine Kombination aus ährenförmigen Chincherinchees (Milchstern) und Allium (Zwiebelblume) mit ovalen Tulpen oder rosettenförmigen Ranunkeln, die einen Kontrast zum zarten, großblättrigen Frauenmantel (*Alchemilla mollis*) bilden.*

Rechts: Chrysanthemenzweige gehören zu den langlebigsten Schnittblumen: Ihre Blätter welken noch vor den Blüten. Für zeitgemäße Arrangements sollten die Blumen kurz geschnitten und der größte Teil ihrer Blätter entfernt werden. Kombinieren Sie Chrysanthemen anschließend mit farblich kräftigen, hellen Blumen wie Carthamus (Saflor) und Calendula (Ringelblume).

Links: Pinke Astrantia und weiße Phlox lassen sich gut mit den großen Ähren der Molucella (Muschelblume) kombinieren, deren weiße Blüten zwar unbedeutend sind, deren glockenförmige grüne Blütenkelche aber Arrangements bereichern.

Stellen Sie Blumen an kühle und gut gelüftete Orte, wo sie keinen eisigen Winden und heißen Öfen im Winter und keinem direktem Sonnenlicht im Sommer ausgesetzt sind. Das von reifen Früchten und Gemüsen produzierte Ethylengas ist schädlich für Blumen, da es den Reifeprozeß beschleunigt. Ethylen ist harmlos und nützlich für das Reifen grüner Tomaten – legen Sie die Tomaten mit richtig reifen Äpfeln zusammen – aber halten Sie es von ihren Blüten fern.

Kontrollieren Sie wegen der höheren Verdunstung bei heißen Temperaturen ihre Blumenvasen regelmäßig und füllen Sie diese gegebenenfalls auf. Wasser mit Pflanzennahrung sollte nicht gewechselt werden. Entfernen Sie verwelkte Blätter und Blüten, da sie die Lebensdauer der übrigen Blumen in der Vase verkürzen können.

FARBEN

Gelb und Orange

Alstroemeria (Peruanische Lilie)
Calendula (Ringelblume)
Chrysantheme
Dianthus (Nelke)
Freesia (Freesie)
Gerbera
Gloriosa (Flammenlilie)
Lilia (Lilie)
Narcissus (Narzisse)
Papaver (Mohn)
Physalis (Lampionblume)
Ranunculus (Butterblume)
Rosa (Rose)
Tulipa (Tulpe)

Rot

Alstroemeria (Peruan. Lilie)
Anemone
Astilbe (Prachtspiere)

Freesia (Freesie)
Gerbera
Gladiolus (Gladiole)
Hippeastrum (Amaryllis)
Lathyrus (Platterbse)
Rosa (Rose)
Tulipa (Tulpe)
Zinnia (Zinnie)

Pink

Allium (Goldlauch)
Astrantia (Sterndolde)
Campanula (Glockenblume)
Delphinium (Rittersporn)
Dianthus (Nelke)
Freesia (Freesie)
Hydrangea (Hortensie)
Lavatera (Buschmalve)
Nigella (Jungfernkraut)
Paeonia (Pfingstrose)
Phlox

Lila und Blau

Allium (Zwiebelblume)
Anemone
Campanula (Glockenblume)
Centaurea (Kornblume)
Delphinium (Rittersporn)
Echinops (Kugeldistel)
Eustoma (Prärieenzian)
Freesia (Freesie)
Hyacinthus (Hyacinthe)
Iris
Lavandula (Lavendel)
Limonium (Meerlavendel)
Nigella (Jungfernkraut)
Veronica (Ehrenpreis)

Grün

Alchemilla (Frauenmantel)
Amaranthus (Fuchsschwanz)
Anethum (Dill)
Euphorbia (Wolfsmilch)

Helichrysum (Strohblume)
Moluccella (Muschelblume)

Weiss

Anemone
Campanula (Glockenblume)
Chrysanthemum (Chrysantheme)
Convallaria (Maiglöckchen)
Delphinium (Rittersporn)
Eustoma (Prärieenzian)
Freesia (Freesie)
Gardenia (Gardenie)
Iris
Lathyrus (Platterbse)
Nigella (Jungfernkraut)
Ranunculus (Butterblume)
Rosa (Rose)
Tulipa (Tulpe)

DANKSAGUNG

Autorin und Verlag bedanken sich hiermit bei Rosemary Titterington von Iden Croft Herbs, Bill Le Grice in Norfolk für seine spektakulären Rosen auf S. 24, Damask in London für Borte und Steppdecke auf S. 36 und S. 44, Chris Johnson von Sia Parlane für die Glasvasen und Heather Clarke von Gastronomic Adventures für das köstliche Essen. Ein ganz besonderer Dank geht an Michelle Garrett und Dulcie, und – last but not least – an Tony Flavin, den exzellenten Blumenfachmann.

INDEX